ÍNDICE

Aprenderemos a como darle un giro a nuestra casa, con algunos consejos, sobre como reutilizar, mejorar y obtener algunos objetos para que nuestra casa nos defina correctamente. Por el momento la mayoría estamos en nuestros hogares, debido a la cuarentena y las únicas salidas son para abastecimiento de alimentos durante periodos de tiempo limitado.

El confinamiento, la falta de interacción social y el tiempo de ocio, lo podemos usar para utilizar diferentes formas de animar y mejorar nuestra casa, mejorando el espacio interior a través de actividades productivas.

Así que mientras nos preparamos para estar en casa durante algunas semanas o meses, sería una buena idea considerar el desarrollo de arreglos o remodelaciones de manera más crítica.

Modificar la organización de la casa, verificar circulaciones, iluminación natural, la cual hoy en día será muy apreciada por todos nosotros, las pinturas y plantas ubicadas en un mejor lugar o la organización de espacios diarios como la cocina. Estos procesos ayudan a dar una nueva vida al espacio que habitamos.

1 ESPACIO

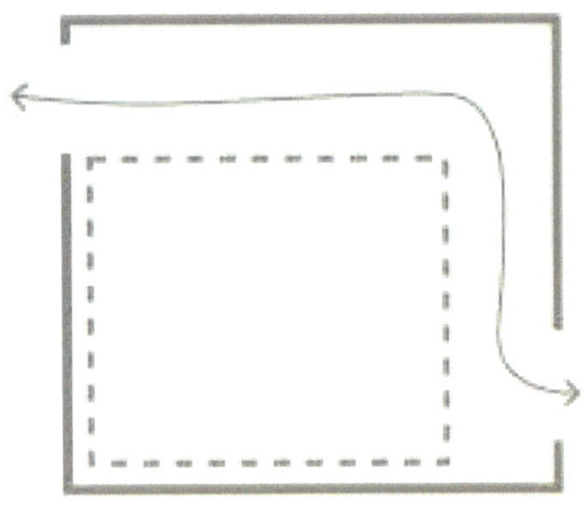

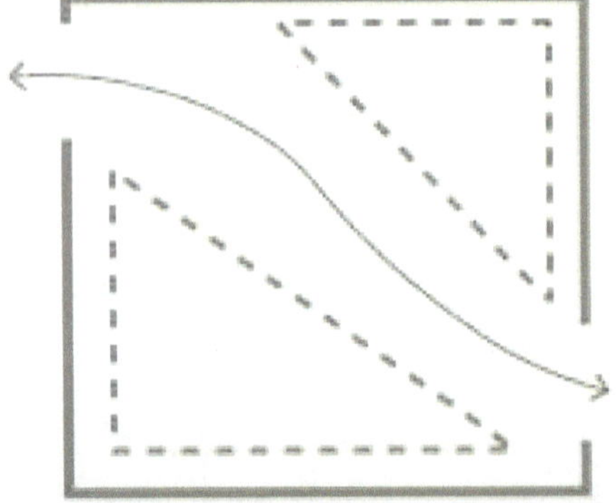

Éste es un punto de partida el cual se logra a través de paredes, mobiliario o incluso objetos, nuestras circulaciones deben ser limpias y claras.

Algo importante en nuestro diseño del espacio es que debe ser funcional, para que las tareas y actividades que realicemos se desarrollen convenientemente.

Todo esto está relacionado con los objetivos de quienes lo vivimos y lo utilizamos, así como nuestras dimensiones físicas y capacidades. Por lo que debemos seguir estos requisitos:

Identificar necesidades

- Necesidades individuales
- Necesidades de grupo

Determinar preferencias:

- Objetos preferidos
- Colores favoritos
- Lugares especiales
- Intereses especiales

Con estos requisitos las estrategias de la planta se resumen en dos ajustada y holgada, la primera es una correspondencia cercana entre muebles y equipamiento, cuando el espacio es escaso o la funcionalidad aún más importante, aquí por lo general usamos mobiliario modular, que pueda combinarse y ser plurifuncional.

 La holgada genera más flexibilidad y diversidad y dan cabida a una mayor cantidad de usos, ya que puede haber un movimiento de muebles con más facilidad y así reorganizar el espacio. También ofrece la oportunidad de mezclar diferentes tipos, tamaños y estilos de muebles que se pueden adecuar al diseño en conjunto.

Para todo esto debemos tener claro que debemos tomar medidas de nuestro espacio si estamos considerando cambiar algún mueble, para no tener sorpresas cuando este llegue, y así se ajuste perfectamente a nuestro espacio y necesidades. También recordemos que, si el espacio es reducido, muebles elevados funcionaran mejor ya que la vista puede viajar a través de los espacios.

Puede que las plantas no sean consideradas como mobiliario, sin embargo, son un elemento base en el diseño de nuestro espacio, mejoran las condiciones ambientales y de calidad de vida interior, ya que purifican el aire, absorben químicos comunes, de hecho, es recomendable tener una planta de tamaño medio por cada 10 m2.

Así que para pasar el tiempo podemos comprar o cultivar plantas de interior, además, cuidar y regar de las plantas nos ayudará a relajarnos y permitirnos seguir con un horario si es que hemos estado un poco desorientados por la cuarentena.

Aquí les dejo una maceta de mi agrado, ya que es autorregulable, luce moderna y puede hacer buen juego en nuestras casas.

LUZ / TEXTURA 2

La textura es una característica nata de los materiales que solemos usar para definir amueblar y embellecer espacios interiores. Su combinación y composición de estas son tan importantes como la luz y el color.

La escala de un estampado debe de estar relacionada con el espacio y sus superficies principales.

Las superficies suaves muestran más la suciedad y desgaste, pero son relativamente más fáciles de limpiar, las texturas ásperas suelen ocultar más la suciedad, pero el mantenimiento es más complicado.

Entonces ¿qué textura utilizamos?

En un espacio pequeño la textura debe de ser suave y utilizarse con moderación

Y en un espacio grande la textura suele reducir la escala del espacio o para definir un área más íntima en su interior.

Ahora entendamos un poco la luz y el cómo funciona con los colores, los cambios de color en un objeto son el resultado de la luz. Los colores de un espacio pueden tener un profundo impacto en el estado de ánimo de los que lo habitamos.

La luz cálida tiende a acentuar los colores cálidos y neutralizar tonalidades frías, mientras que la luz fría intensifica los colores fríos, debilitando los cálidos.

LUZ / COLOR 3

El valor del color aumentará mientras la cantidad de luz sea mayor y viceversa.

Cuando hablamos de luz y colores, lo mejor es buscar una luz natural en los interiores. En áreas de descanso o sociales la luz artificial cálida funciona mejor haciendo un ambiente más confortable, por otro lado, la luz fría está destinada para áreas de trabajo, ayuda a despertar al cerebro y activarnos.

Por lo que es realmente importante consultar un guía de color, considerando su combinación y teniendo en cuenta la iluminación como ya dijimos.

Los colores cálidos, suelen entregar alegría y energía a los espacios y por el otro lado los colores fríos pueden ser más relajantes. El color blanco hace lucir un espacio elegante y más amplio de lo que puede parecer. En relación con esto, la disposición de colores oscuros y claros influyen en gran medida en la percepción del espacio, por ejemplo:

Techo más claro que las paredes laterales, lucirá el espacio más alto y si las paredes laterales son más claras que el techo lucirá más ancho.

Con los colores debemos procurar usar complementarios, estos son colores opuestos en la rueda cromática. Aquí se pueden guiar para escoger algunos que les gusten y funcionen con sus muebles.

4LEMENTOS DECORATIVOS

Se deben introducir objetos decorativos que llamen la atención, pero que se perciban con el conjunto, por lo que ya teniendo nuestros colores definidos y materiales podemos irnos al extremo de la rueda cromática y escoger alguno.

Los objetos que contrastan son el accesorio perfecto para nuestros espacios, ya que dotan de personalidad a la decoración y evitan el "efecto catálogo"

CON TRAS TES

LA LUZ

Los colores de objetos como pinturas, colorantes, así como texturas son medios para modificar el color de la luz que ilumina el espacio.

Por lo que poner algunas lámparas que aporten calidez al espacio.

COJINES

Son el compañero de todo sillón, dependiendo del color de tu sala siempre será importante tener cojines de diferente color y / o patrón para generar un contraste y hacer resaltar el sofá.

La ventaja de esto es que podemos comprar fundas para así cambiarlas de acuerdo con las épocas del año o tendencias, añadiendo un nuevo aire al interior de la casa. Los que aquí te dejo están muy padres porque traen una textura y diferentes colores, entre ellos el color del año, azul.

NATURAL

5

No solo son plantas, la materialidad natural es un gran punto para nuestro interior, como pueden ser maderas rusticas, metales o piedras, presentes como elementos básicos en algún elemento de nuestra decoración. Lo cual agregara encanto y estilo al nuestro hogar.

Uno de ellos que me gusta mucho es ésta [bandeja de madera rústica](#), luce muy bien en contraste con nuestra casa.

Los detalles dorados siempre resaltaran además de que brindan calidez a un espacio, tener uno nos ayudara a dar un toque especial, aquí te dejo un [tazón dorado](#) que se ve increíble.

ORGANIZAR /
LIMPIAR

Cuando estamos en nuestras actividades diarias es muy comprensible que la limpieza se deje a un lado o se prolongue para momentos más libres, por lo que hoy en día es el mejor momento para hacerlo y limpiar la casa a fondo, también hará que sea más llevadera la cuarentena.

Este paso es el más obvio pero el más complicado de todos, ya que implica en poner orden, desechar y limpiar.

ALMACENAMIENTO

Una manera adecuada es reordenar los espacios de almacenamiento de closets o armarios, muchos de ellos seguro tienen cosas que hemos acumulado durante años.

Entre algunas de las formas que podemos mejorar el almacenamiento es la subdivisión de cajones con bandejas y separadores hasta el aprovechamiento de la altura de las habitaciones para agregar repisas/ estantes o muebles.

Algunos productos como canastas de alambre o mimbre nos ayudan a organizar algunos objetos de la vida diaria y que además se vean estéticos y alegren nuestra vista.

Esta tarea de limpieza y reorganización es gratificante tiene un alto impacto en la calidad de los espacios y nuestra persona, además de que el desorden puede generar ansiedad en momentos como éste.

Las cocinas por lo general son de los espacios que más requieren una reorganización, una buena idea para hacer eficiente un espacio y que luzca mejor, es almacenar productos en frascos simpáticos como pastas, granos y semillas, entre otros haciéndolo lucir muy bien y siendo prácticos para nosotros. Comodidad y belleza, dos en uno.

También el uso de organizadores para sartenes, ya que estos suelen generar que los espacios se vean desequilibrados en nuestras alacenas.

Ya que estamos en la cocina, les recomiendo un dispensador de agua electrónico que hará sus vidas mucho más sencillas y que además luce bien, evita que tengamos los garrafones en la barra y es mucho más practico para todos nosotros. También suele ser un buen regalo.

Recordemos que menos, es más, entonces de ser posible, evitemos saturar estantes de la casa por completo, dejemos una parte de las repisas semi vacías, no tengamos miedo al "blanco", con esto nuestro interior se verá más sofisticado y elegante.

Entre las zonas que también debemos organizar es donde tenemos cableado, muchas veces son demasiados y no sabemos acomodarlos bien y por lo general llegan a ser visibles, lo cual arruinan nuestro espacio, para esto podemos utilizar algún cincho para ajustarlos.

Otro de los problemas en el hogar es el común acumulamiento de correo, facturas, propaganda, revistas que llegan a la casa ya que son uno de los principales causantes del desorden. Así que colocar una bandeja donde ubicarlos, y así irla depurando periódicamente.

MARCOS

ARMENTA

Correo contacto: massiar95@gmail.com

Links de artículos mencionados:

Maceta: https://amzn.to/3bp1gXb

Rueda cromática: https://color.adobe.com/es/create/color-wheel

Fundas para cojines: https://amzn.to/2VuwGVf

Bandeja de madera rústica: https://amzn.to/2VuBTMN

Tazón dorado: https://amzn.to/2VbWpmp

Canastas: https://amzn.to/3ek4T2p

Frascos: https://amzn.to/3ckAqzm

Organizador de sartenes: https://amzn.to/2VahSfu

Dispensador de agua electrónico: https://amzn.to/3em0hbY